INTRODUCCIÓN

La Reforma de Salud basada en principios bíblicos se fundamenta en la creencia de que el cuerpo humano es un templo del Espíritu Santo, tal como se expresa en 1 Corintios 6:19-20, donde se insta a cuidar de nuestro cuerpo de manera que honre a Dios. Este principio bíblico subraya la importancia de mantener una buena salud física, mental y espiritual como un acto de reverencia hacia el Creador. La Reforma de Salud en este contexto se enfoca no solo en evitar enfermedades, sino también en vivir una vida plena que refleje los valores y el amor de Dios.

Los principios dietéticos encontrados en la Biblia, especialmente en el libro de Daniel, capítulo 1, donde Daniel y sus amigos eligen no contaminarse con la comida y el vino del rey, optando en su lugar por legumbres y agua, resaltan la importancia de una alimentación sencilla y natural. Este pasaje bíblico ha inspirado a muchos a adoptar dietas basadas en plantas, reconociendo los beneficios tanto espirituales como físicos de tales hábitos alimenticios. La dieta original en el jardín del Edén, descrita en Génesis 1:29, también respalda la idea de que una alimentación basada en frutas, granos y nueces es la ideal para el ser humano.

Además, la Biblia aborda la importancia de otros aspectos de un estilo de vida saludable, como el descanso, demostrado en el principio del sábado (Génesis 2:2-3), que ofrece un tiempo para la recuperación física y espiritual, así como la importancia de evitar sustancias perjudiciales, reflejada en varios textos que advierten contra la intoxicación y el exceso (Proverbios 20:1; Efesios 5:18). Así, la Reforma de Salud según los principios bíblicos abarca una comprensión integral del bienestar, animando a las personas a vivir de manera que promueva la salud en todos los aspectos de su ser, honrando a Dios con sus cuerpos y sus vidas.

La Reforma de Salud según Ellen G. White, una de las cofundadoras de la Iglesia Adventista del Séptimo Día, es un aspecto integral de su enseñanza y escritura, reflejando una comprensión holística del bienestar humano que abarca tanto el aspecto físico como el espiritual. Sus consejos sobre salud, plasmados principalmente en obras como "El ministerio de curación" y "Consejos sobre el régimen alimenticio", subrayan la importancia de un estilo de vida que incluye una dieta adecuada, ejercicio físico, agua pura, luz solar, temperancia, aire fresco, descanso apropiado y confianza en el poder divino.

Ellen White promovió una dieta vegetariana, destacando los beneficios de consumir alimentos en su estado más natural posible. Argumentaba que una dieta basada en granos, frutas, nueces y vegetales es la más saludable, y advertía contra el consumo de carne, café, té y el uso del tabaco y alcohol, considerándolos perjudiciales para la salud física y espiritual. Esta perspectiva estaba adelantada a su tiempo, anticipando muchas de las recomendaciones dietéticas modernas sobre los beneficios de una dieta planta-centrada para prevenir y tratar enfermedades crónicas.

Además de la alimentación, White enfatizó la importancia del ejercicio regular y el aire fresco, promoviendo un estilo de vida activo y la conexión con la naturaleza como esenciales para una salud óptima. También destacó el valor del agua como remedio natural y la importancia del descanso y la confianza en Dios como pilares para una vida saludable. Su enfoque integrador, que vincula la salud física con la espiritualidad, sigue influyendo en las prácticas de salud de la comunidad adventista y de aquellos interesados en un enfoque holístico del bienestar.

Programa
Semana de Salud

Hno. Pedro Padró   Dr. Ismael Solís   Pr. Rodolfo Cosme

Pr. Fernando Dávila   Hnos. Yeheziel y Nomaris   Pr. Luis Soto

Fecha	Predicador Invitado / Tema	
Sábado 25 de mayo de 2024	9:15am-12:00pm Culto Distrito Predicador: Hno. Pedro Padró	2:00pm-3:30pm Hno. Pedro Padró Tema: La función de los Antioxidantes Después del Diluvio
Lunes 27 de mayo de 2024 7:15pm	**Dr. Ismael Solís Rivera** Tema: ¿Cómo dudar de sus Promesa?	
Martes 28 de mayo de 2024 7:15pm	**Pastor Rodolfo Cosme** Tema: Cántico de un Hombre en Crisis	
Miércoles 29 de mayo de 2024 7:15pm	**Pastor Fernando Dávila** Tema: Armagedón Mental	
Jueves 30 de mayo de 2024 7:15pm	**Yeheziel Álvarez y Nomaris González** Tema: Sé Consciente	
Viernes 31 de mayo de 2024 7:15pm	**Pastor Luis Soto** Tema: El Santuario y la Salud	

Lugar:
Bo. El Duque, Sector Tablones, Carr. 971
Naguabo, 00718

8 SECRETOS DE LA GENTE MÁS SALUDABLES DEL MUNDO

1. AGUA

Lo común para la mayoría de las personas es seguir la regla de los 8 vasos de agua al día, que equivale aproximadamente a 2 litros o medio galón. Este consejo ha sido popularizado como una forma sencilla de recordar la cantidad de agua que se debe consumir diariamente para mantenerse adecuadamente hidratado.

Sin embargo, es importante notar que las necesidades de hidratación pueden variar considerablemente de persona a persona, dependiendo de factores como el nivel de actividad física, el clima, la salud general, y si la persona está embarazada o lactando. Además, se debe tener en cuenta que el agua no es la única fuente de hidratación; los líquidos consumidos en otras bebidas y el agua contenida en los alimentos también contribuyen a la ingesta diaria total de agua.

2. DESCANSO

La cantidad de sueño recomendada varía según la edad. Los expertos en sueño y las organizaciones de salud proporcionan directrices basadas en estudios extensivos. A continuación, se muestra una guía general sobre la cantidad de sueño recomendada por la National Sleep Foundation y otros.

Edad	Horas Recomendadas de Sueño
Recién nacidos (0-3 meses)	14-17 horas
Bebés (4-11 meses)	12-15 horas
Niños pequeños (1-2 años)	11-14 horas
Niños en edad preescolar (3-5 años)	10-13 horas
Niños en edad escolar (6-13 años)	9-11 horas
Adolescentes (14-17 años)	8-10 horas
Adultos jóvenes (18-25 años)	7-9 horas
Adultos (26-64 años)	7-9 horas
Adultos mayores (65 años en adelante)	7-8 horas

Para mejorar la calidad del sueño y asegurar que estás obteniendo el descanso que tu cuerpo necesita, aquí hay algunas recomendaciones generales:

- ✓ **Establece un horario regular**: Intenta acostarte y despertarte a la misma hora todos los días, incluso los fines de semana. Esto ayuda a regular tu reloj biológico. Los estudios demuestran que el sueño más eficiente se produce entre las 9:00pm y las 12:00 de la noche.
- ✓ **Crea una rutina relajante antes de dormir**: Realiza actividades relajantes, como leer, meditar o tomar un baño tibio antes de acostarte para preparar a tu cuerpo para el sueño.
- ✓ **Haz ejercicio regularmente**: La actividad física regular puede ayudarte a dormir más profundamente. Sin embargo, evita hacer ejercicio intenso cerca de la hora de dormir, ya que esto puede interferir con tu sueño.
- ✓ **Cuida tu alimentación en la noche**: Evita comidas pesadas, cafeína y alcohol antes de dormir. Estos pueden interrumpir tu sueño.

- ✓ **Optimiza tu entorno de sueño**: Asegúrate de que tu dormitorio sea para dormir solamente. Debería ser tranquilo, oscuro y a una temperatura confortable. Considera el uso de cortinas opacas, tapones para los oídos o máquinas de sonido blanco si es necesario.
- ✓ **Limita las siestas**: Si necesitas tomar una siesta, intenta que no dure más de 20 a 30 minutos y evita hacerlo tarde en el día.
- ✓ **Reduce la exposición a pantallas**: La luz azul de las pantallas de dispositivos electrónicos puede interferir con tu capacidad para dormirte. Trata de evitar su uso al menos una hora antes de ir a la cama.
- ✓ **Mantén tu cama cómoda**: Invierte en un buen colchón y almohadas. Asegúrate de que tu ropa de cama sea cómoda y adecuada para la estación.
- ✓ **Gestiona el estrés**: El estrés y la preocupación pueden afectar negativamente tu sueño. Prueba técnicas de relajación o gestión del estrés como la meditación, la escritura en un diario o técnicas de respiración profunda.

Algunas de las condiciones más comunes relacionadas con el sueño incluyen el **insomnio, la apnea del sueño, el síndrome de las piernas inquietas, y los trastornos del ritmo circadiano.**

1. **Insomnio:** El insomnio es un trastorno del sueño común que afecta la capacidad de una persona para dormir bien. Se caracteriza principalmente por la dificultad para conciliar el sueño, mantenerse dormido, o despertar demasiado temprano y no poder volver a dormir.
2. **Apnea del sueño:** La apnea del sueño es un trastorno serio del sueño en el que la respiración de una persona se interrumpe repetidamente durante el sueño. Estas interrupciones, conocidas como apneas, pueden durar desde unos pocos segundos hasta más de un minuto y pueden ocurrir decenas o incluso cientos de veces en una sola noche. Estas pausas en la respiración suelen resultar en una disminución de la calidad del sueño y en una reducción de la oxigenación de la sangre, lo que puede tener efectos adversos graves para la salud
3. **Síndrome de las piernas inquietas (SPI):** También conocido como enfermedad de Willis-Ekbom, es un trastorno neurológico que se caracteriza por una urgencia irresistible de mover las piernas. Esta sensación suele acompañarse de sensaciones incómodas y desagradables en las piernas, a menudo descritas como hormigueo, ardor, picazón o como si algo se arrastrara debajo de la piel.
4. **Trastornos del ritmo circadiano:** Los trastornos del ritmo circadiano son un grupo de condiciones que afectan el reloj biológico interno de una persona, que regula el ciclo de 24 horas de los procesos fisiológicos, incluyendo el ciclo de sueño-vigilia. Estos trastornos ocurren cuando hay una desalineación entre el reloj interno de una persona y el entorno externo o las demandas de su horario. Esto puede llevar a problemas de sueño y otros síntomas que afectan la salud física y mental.

Si tienes problemas persistentes para dormir, podrías estar lidiando con un trastorno del sueño. En este caso, es importante buscar la ayuda de un profesional.

3. EJERCICIOS

La cantidad de ejercicio recomendada puede variar según las directrices de organizaciones de salud, pero una recomendación comúnmente aceptada proviene de la Organización Mundial de la Salud (OMS) y otros expertos en salud. Para adultos de 18 a 64 años, se sugiere al menos de 25 a 30 minutos de actividad física moderada al día.

Ventajas del ejercicio regular:

Mejora la salud cardiovascular: Reduce el riesgo de enfermedades del corazón, mejora la circulación y baja la presión arterial.

Control del peso: Ayuda a mantener el peso corporal adecuado o a perder peso, aumentando el metabolismo y quemando calorías.

Fortalecimiento de huesos y músculos: Mejora la fuerza y la densidad ósea, lo que puede prevenir la osteoporosis y disminuir el riesgo de fracturas.

Mejora la salud mental y el estado de ánimo: El ejercicio regular puede disminuir el riesgo de depresión, ansiedad y ayuda a mejorar el estado de ánimo y la calidad del sueño.

Aumenta la longevidad: La actividad física regular está asociada con una mayor esperanza de vida.

Control de enfermedades crónicas: Puede prevenir o ayudar a manejar condiciones como la diabetes tipo 2, el cáncer de colon y de mama, y enfermedades crónicas respiratorias.

Mejora la capacidad cognitiva: Se ha demostrado que el ejercicio mejora la función cognitiva en todas las edades y puede reducir el riesgo de demencia en la vejez.

Mejora la calidad de vida: Aumenta la capacidad para realizar actividades diarias y reduce el riesgo de caídas, especialmente en personas mayores.

Es importante encontrar una forma de actividad física que disfrutes, lo que te ayudará a integrarla como una parte regular de tu rutina diaria. También es crucial comenzar a un nivel apropiado para tu condición de salud y aumentar gradualmente la intensidad y duración de la actividad física para evitar lesiones. Siempre es recomendable consultar con un profesional de la salud antes de comenzar cualquier nuevo régimen de ejercicio, especialmente si tienes condiciones de salud existentes.

4. LUZ SOLAR

Mejora el estado de ánimo (porque aumenta la serotonina) y reduce el riesgo de depresión, aumenta la producción de vitamina D, mejora el sueño al regular el ritmo circadiano, puede ayudar a prevenir ciertas enfermedades como la osteoporosis y algunos tipos de cáncer.

Se recomienda exponerse unos 30 minutos a la luz solar pero en la mañana

5. AIRE FRESCO

Mejora la calidad del aire que respiramos, lo cual es esencial para la salud pulmonar y cardiovascular. El aire fresco también puede mejorar el estado de ánimo, aumentar la claridad mental y promover un mejor sueño.

6. NUTRICION

Proporciona los nutrientes esenciales para el crecimiento y la reparación celular, apoya el sistema inmunológico, reduce el riesgo de enfermedades crónicas como enfermedades del corazón, diabetes y cáncer, y es fundamental para mantener un peso saludable.

Comer una amplia variedad de frutas, verduras frescas, granos, nueces, semillas y legumbres preparados de una manera sabrosa y sencilla.

Evite la proteína animal. Los productos de origen animal proporcionan un exceso de grasa, colesterol y proteínas. Evite el consumo de las grasas, el azúcar y la sal.

El tiempo es un factor importante en la salud alimenticia, los alimentos consumidos en la mañana se utilizan durante el día, si son tomados en la tarde se almacenan como grasa.

Conoce a la Serotonina

La serotonina es conocida como el **"químico de la felicidad"** debido a su papel significativo en la regulación del estado de ánimo. Niveles adecuados de serotonina están asociados con sentimientos de bienestar y felicidad, mientras que niveles bajos se han vinculado a la depresión y ansiedad.

La serotonina influye en el ciclo de sueño-vigilia y se convierte en melatonina en el cerebro, la cual es esencial para regular el sueño. Por tanto, la serotonina afecta la calidad y la duración del sueño.

Participa en la regulación del apetito, especialmente en la supresión del deseo por carbohidratos, lo que puede influir en el control del peso corporal.

7. TEMPERANCIA

La palabra temperancia cuando se utiliza en el contexto de la salud, tiene tres significados muy claros: **moderación** en el uso de lo que es bueno, **abstinencia** total de lo que es perjudicial y **autocontrol**.
Trabajo, ejercicio, descanso, comida y la luz solar son de beneficio y necesarios, pero cualquiera de ellos llevados al extremo se convierte en un daño.
Todo lo que daña al cuerpo es contraproducente para la buena salud. NO consuma tabaco, alcohol, drogas o bebidas con cafeína.

El autocontrol en la salud se refiere a la capacidad de una persona para regular conscientemente sus comportamientos, decisiones y emociones con el fin de mantener o mejorar su bienestar físico, mental y emocional.

8. ESPERANZA

La Biblia ofrece numerosos consejos sobre la paz interior, el perdón y la confianza en Dios como medios para aliviar el estrés y vivir una vida más plena y saludable (Filipenses 4:6-7, Mateo 11:28-30). Las investigaciones han demostrado que la espiritualidad ayuda a controlar el estrés, fortalece el sistema inmunológico y protege contra las enfermedades cardiacas y el cáncer. Más allá de todos estos beneficios científicamente comprobados, Dios promete vida eterna a aquellos que confían en El-una vida perfecta de salud y libre de dolor, temor y muerte. Fomentan una vida espiritual activa que incluye la oración y la confianza en Dios como fundamentos para la salud mental y emocional.

AGUA
DESCANSO
EJERCICIO
LUZ SOLAR
AIRE
NUTRICIÓN
TEMPERANCIA
ESPERANZA

Versículos Bíblicos de Salud

Adora al Señor tu Dios, y él bendecirá tu pan y tu agua. Yo apartaré de ustedes toda enfermedad. Éxodo 23:25

¿Acaso no saben que su cuerpo es templo del Espíritu Santo, quien está en ustedes y al que han recibido de parte de Dios? Ustedes no son sus propios dueños; fueron comprados por un precio. Por tanto, honren con su cuerpo a Dios. 1 Corintios 6:19-20

Querido hermano, oro para que te vaya bien en todos tus asuntos y goces de buena salud, así como prosperas espiritualmente. 3 Juan 1:2

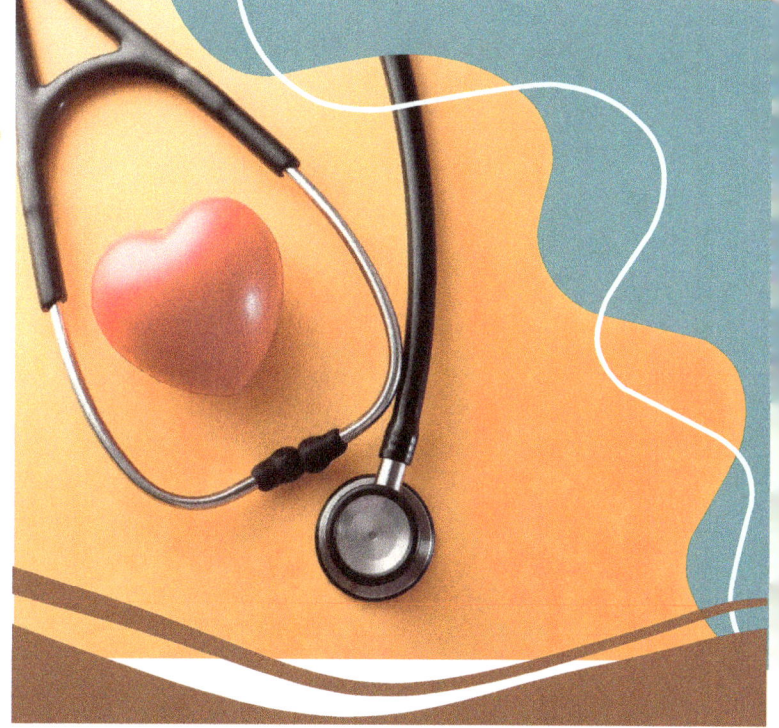

¿Acaso no saben que su cuerpo es templo del Espíritu Santo, quien está en ustedes y al que han recibido de parte de Dios? Ustedes no son sus propios dueños; fueron comprados por un precio. Por tanto, honren con su cuerpo a Dios. 1 Corintios 6:19-20

Salud Espiritual

La Biblia ofrece varias pautas que pueden contribuir a una buena salud espiritual. Aquí hay cinco aspectos importantes según las enseñanzas bíblicas:

1. **Oración y meditación:** La oración y la meditación sobre las Escrituras son centrales en la vida espiritual según la Biblia. Se nos anima a orar sin cesar y a meditar en la palabra de Dios día y noche. Esto ayuda a fortalecer nuestra relación con Dios, aumenta nuestra fe y nos proporciona orientación y paz interior.
2. **Comunión y comunidad:** La Biblia enfatiza la importancia de la comunión con otros creyentes. Esto se puede ver en la práctica de la iglesia primitiva, donde los creyentes se reunían regularmente para adorar, compartir comidas y apoyarse mutuamente. La comunidad proporciona un sistema de apoyo, aliento y rendición de cuentas, elementos importantes para mantener una salud espiritual sólida.
3. **Estudio y reflexión bíblica:** El estudio diligente de la Biblia es fundamental para comprender la voluntad de Dios y sus enseñanzas. La reflexión profunda sobre las Escrituras nos permite aplicar sus lecciones en nuestra vida diaria, lo que contribuye a nuestro crecimiento y madurez espiritual.
4. **Vivir según los principios bíblicos**: La aplicación de los principios bíblicos en la vida cotidiana, como el amor, la bondad, la paciencia y el perdón, fomenta una conducta que refleja la naturaleza de Cristo. Esto no solo mejora nuestras propias vidas sino que también impacta positivamente a aquellos a nuestro alrededor, promoviendo una atmósfera de paz y armonía.
5. **Servicio y generosidad:** Servir a los demás y ser generoso con tiempo, recursos y amor son enseñanzas clave en la Biblia. Jesús enfatizó la importancia de servir a los menos afortunados y de dar sin esperar nada a cambio. El acto de dar y servir no solo beneficia a quienes reciben, sino que también nutre el alma del donante, mejorando su bienestar espiritual.

CURIOSIDADES DE SALUD

1. Corazón y música: Estudios han mostrado que escuchar música no solo puede mejorar el ánimo, sino también la salud del corazón. La música puede influir en la reducción de la frecuencia cardíaca, la presión arterial y la ansiedad en pacientes con enfermedades cardíacas.
2. El estornudo: Cuando estornudas, el aire puede salir de tu cuerpo a una velocidad de hasta 160 km/h. Un solo estornudo puede enviar alrededor de 100,000 gérmenes al aire, lo que subraya la importancia de cubrirse la boca y la nariz para prevenir la propagación de enfermedades.
3. El hueso más fuerte: El fémur, o hueso del muslo, es el hueso más largo y fuerte del cuerpo humano. Puede soportar una presión de aproximadamente 30 veces el peso de una persona promedio antes de fracturarse.
4. Las huellas de la lengua: Al igual que las huellas dactilares, cada persona tiene un patrón único en su lengua, conocido como la "huella lingual". Esto hace que la lengua sea tan única como las huellas dactilares y podría teóricamente ser utilizada para la identificación personal.
5. Regeneración del hígado: El hígado tiene una asombrosa capacidad para regenerarse. Incluso después de haber sido dañado o después de la cirugía, el hígado puede crecer de nuevo a su tamaño completo a partir de tan solo el 25% de su tejido original.

6. La risa es un mini ejercicio: Reírse 100 veces puede equivaler a 10 minutos en una máquina de remo o 15 minutos en una bicicleta estática. La risa aumenta el ritmo cardíaco y el consumo de oxígeno, promoviendo un efecto similar al de hacer ejercicio.

7. La piel es el órgano más grande: La piel es el órgano más grande del cuerpo humano. En un adulto promedio, la piel cubre un área de unos 2 metros cuadrados y representa aproximadamente el 16% del peso corporal.

Conoce sobre las plantas

Las plantas pueden ser una adición excelente a los hogares por varias razones, desde mejorar la calidad del aire hasta aumentar el bienestar psicológico. Aquí hay algunas plantas que se recomiendan comúnmente para su uso en interiores y las razones de su popularidad:

1. Espatifilo (Spathiphyllum): Conocido comúnmente como "lirio de la paz", es popular por su capacidad para filtrar contaminantes del aire, como el benceno, el formaldehído y el amoníaco. Además, es fácil de cuidar y puede prosperar en áreas con luz baja a media, lo que lo hace ideal para espacios interiores.
2. Sansevieria (Sansevieria trifasciata): También conocida como "lengua de suegra" o "espada de San Jorge", esta planta es muy resistente y requiere poco mantenimiento. Es conocida por su capacidad para purificar el aire, eliminando toxinas como el benceno, el formaldehído y el tricloroetileno. Además, puede liberar oxígeno durante la noche, lo que puede ayudar a mejorar la calidad del aire en dormitorios.
3. Aloe vera: Aparte de sus conocidos beneficios para la piel, el aloe vera es una excelente planta para tener en casa debido a su habilidad para ayudar a limpiar el aire de formaldehído y benceno. Es fácil de mantener y puede crecer bien con luz solar directa o indirecta.
4. Ficus benjamina (Ficus elástica): Conocido comúnmente como el árbol de goma, es apreciado por su aspecto estético y su capacidad para actuar como un purificador de aire natural. Puede ayudar a filtrar contaminantes del aire como el formaldehído y el xileno.
5. Helecho de Boston (Nephrolepis exaltata): Este helecho no solo es estético, sino que también es un humidificador natural, lo que lo hace excelente para habitaciones que pueden beneficiarse de un aumento de humedad. Ayuda a eliminar toxinas como el formaldehído del aire y puede mejorar la calidad del aire interior.

VITAMINAS

Las vitaminas son compuestos orgánicos que son necesarios en pequeñas cantidades para sostener la vida. La mayoría de las vitaminas deben obtenerse de la alimentación, ya que el cuerpo no puede producirlas, o al menos no en cantidad suficiente para mantener la salud. Las vitaminas son esenciales para el correcto funcionamiento del cuerpo: ayudan a fortalecer el sistema inmunológico, a convertir los alimentos en energía, a reparar el material genético celular, a producir células sanguíneas, entre otras funciones.

Vitamina	Función	Importancia	Alimentos que las contienen
A	Importante para la visión, el sistema inmunológico y la reproducción.	Evita la ceguera nocturna y la inmunodeficiencia.	Zanahorias, batatas, espinacas, calabazas.
B	Cruciales para la energía celular, salud del cerebro y formación de células sanguíneas.	Previenen enfermedades cardiovasculares y ayudan en la función mental.	Carnes, huevos, nueces, legumbres, cereales integrales.
C	Necesaria para el crecimiento, desarrollo y reparación de todos los tejidos corporales.	Contribuye a la salud de la piel y las encías, mejora la absorción de hierro.	Frutas cítricas, pimientos rojos, kiwis, brócoli.
D	Regula la absorción de calcio y fósforo, importante para la salud ósea.	Previene el raquitismo y reduce el riesgo de osteoporosis.	Pescado graso, yema de huevo, leche fortificada, exposición al sol.
E	Antioxidante, ayuda a mantener sanos la piel y los ojos.	Protege las células del daño y ayuda en la curación de heridas.	Aceites vegetales, frutos secos, verduras de hoja verde.
K	Necesaria para la coagulación de la sangre y la salud ósea.	Esencial para la coagulación normal de la sangre y la prevención de hemorragias.	Verduras de hoja verde, aceites vegetales, hígado.

RADICALES LIBRES

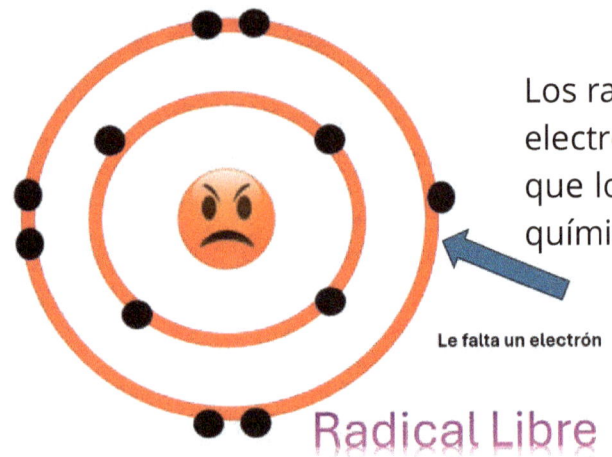

Los radicales libres son átomos, moléculas o iones con electrones desapareados en su última capa orbital, lo que los hace altamente reactivos con otras sustancias químicas.

Le falta un electrón

Radical Libre

Los radicales libres buscan otros electrones para emparejarse, a menudo robándolos de otras moléculas saludables. Este proceso puede iniciar una cadena de reacciones destructivas, conocida **como estrés oxidativo** (se genera exceso de radicales libres)

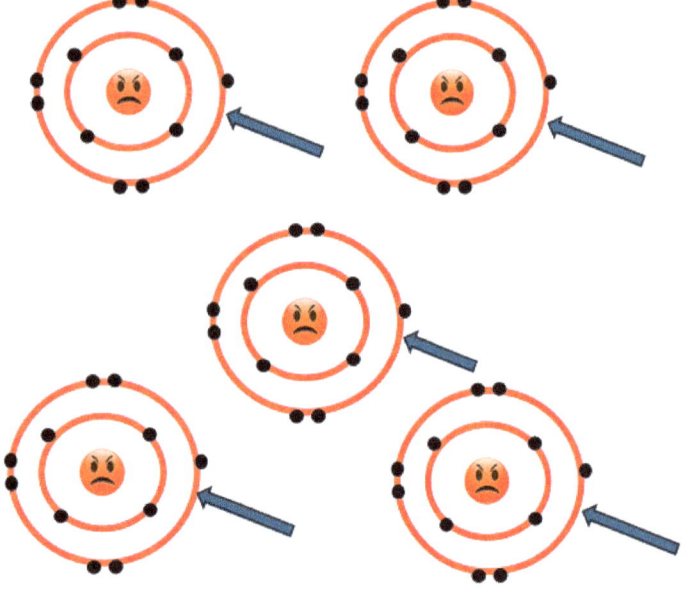

Estress oxidativo

Mientras que una cierta cantidad de radicales libres es normal y necesaria para los procesos corporales como la lucha contra las infecciones, el exceso puede ser perjudicial y contribuir al estrés oxidativo, que se ha vinculado a varias enfermedades crónicas y al envejecimiento. Por eso, es importante mantener un equilibrio entre la producción de radicales libres y la capacidad del cuerpo para neutralizarlos o eliminarlos.

Los radicales libres se forman en el cuerpo humano por varias razones:
1. **Procesos metabólicos naturales:** La función más común es a través de los procesos normales del metabolismo celular. Cuando tu cuerpo convierte los alimentos en energía, se generan radicales libres como subproductos. Aunque estos procesos son esenciales para la vida, también pueden producir estos compuestos potencialmente dañinos.
2. **Exposición ambiental:** Factores externos como la radiación ultravioleta del sol, la contaminación del aire, la exposición a productos químicos tóxicos, el humo del tabaco y la radiación pueden incrementar la formación de radicales libres en el cuerpo.
3. **Estrés:** Tanto el estrés físico (como lesiones o enfermedades) como el estrés emocional pueden aumentar la producción de radicales libres.
4. **Dieta:** Consumir alimentos procesados, fritos o ricos en grasas puede aumentar los niveles de radicales libres en el cuerpo. Además, el alcohol y ciertos medicamentos también pueden contribuir a su formación.
5. **Ejercicio intenso:** Aunque el ejercicio regular es beneficioso para la salud, el ejercicio extremadamente intenso y prolongado puede incrementar la producción de radicales libres.
6. **Inflamación:** Las reacciones inflamatorias en el cuerpo pueden generar radicales libres como parte de la respuesta del sistema inmunológico.

Antioxidantes

Antioxidantes

Los antioxidantes son sustancias que pueden donar un electrón a un radical libre sin volverse inestables

Alimentos muy antioxidantes

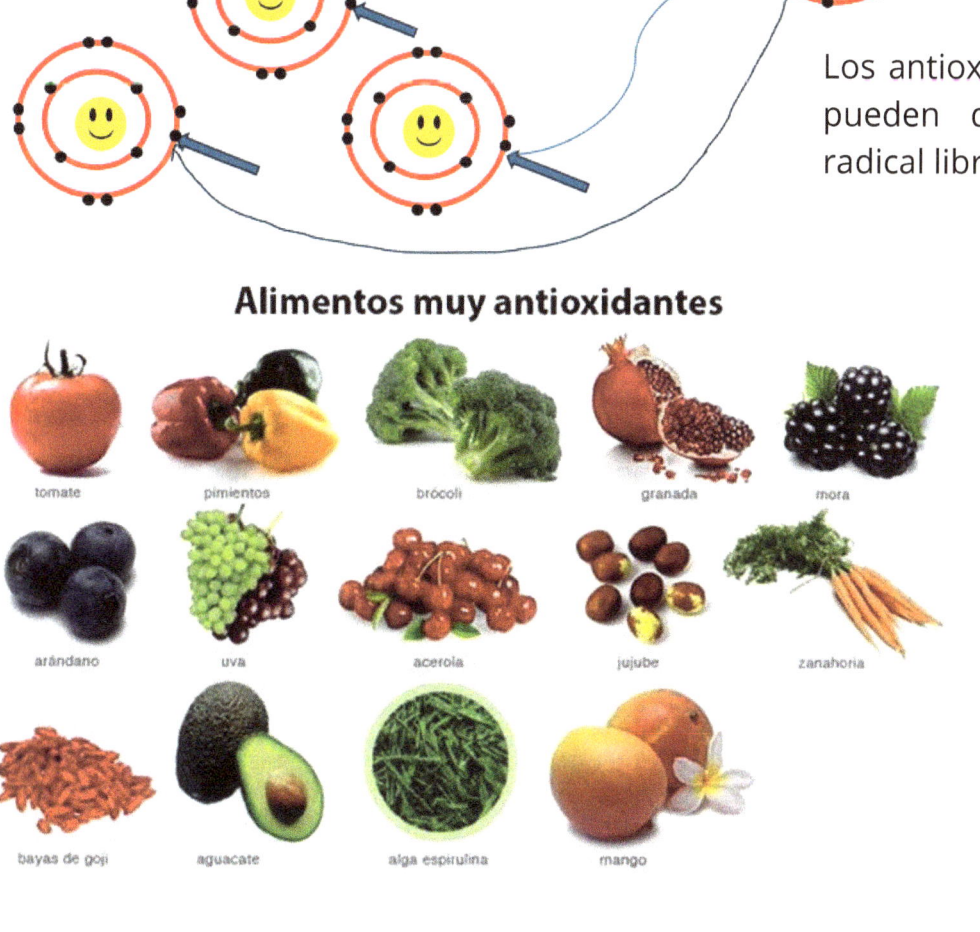

1. **Tomate**
2. **Pimientos**
3. **Brócoli**
4. **granada**
5. **mora**
6. **arándano**
7. **uva**
8. **acerola**
9. **jujube**
10. **zanahoria**
11. **aguacate**
12. **mangó**

MANTENGÁMONOS SALUDABLES
¡HAZ TUS LABORATORIOS!

Tipo de Prueba	Categoría	Valores (mg/dL)	Porcentaje (%)
Glucosa en ayunas	Normal	Menos de 100	N/A
	Prediabetes	100-125	N/A
	Diabetes	126 o más	N/A
Glucosa postprandial (2 horas después de comer)	Normal	Menos de 140	N/A
	Prediabetes	140-199	N/A
	Diabetes	200 o más	N/A
Hemoglobina A1c	Normal	N/A	Menos del 5.7%
	Prediabetes	N/A	5.7% a 6.4%
	Diabetes	N/A	6.5% o más

Hay varios alimentos que pueden ayudar a bajar los niveles de glucosa en sangre y son útiles para personas con diabetes o que buscan regular su azúcar en sangre. Aquí se detallan algunos: espinacas, col rizada, almendras, nueces y otros frutos secos, frijoles, lentejas y otras legumbres, avena y granos integrales, cerezas, manzanas.

Tipo de Colesterol	Categoría	Valores (mg/dL)
Colesterol Total	Deseable	Menos de 200
	Límite alto	200-239
	Alto	240 y más
Colesterol LDL (Malo)	Óptimo	Menos de 100
	Cercano al óptimo/por encima	100-129
	Límite alto	130-159
	Alto	160-189
	Muy alto	190 y más
Colesterol HDL (Bueno)	Bajo	Menos de 40 en hombres, menos de 50 en mujeres
	Deseable	60 y más
Triglicéridos	Normal	Menos de 150
	Límite alto	150-199
	Alto	200-499
	Muy alto	500 y más

Para ayudar a reducir los niveles de colesterol, es importante centrarse en una dieta equilibrada que incluya alimentos con beneficios específicos para la salud cardiovascular. Aquí algunos ejemplos de alimentos que pueden contribuir a bajar los niveles de colesterol: avena y otros granos enteros, frijoles, lentejas y guisantes, almendras, nueces, aceite de oliva, el aguacate pueden ayudar a reducir el colesterol LDL (el "colesterol malo") y aumentar el colesterol HDL (el "colesterol bueno").

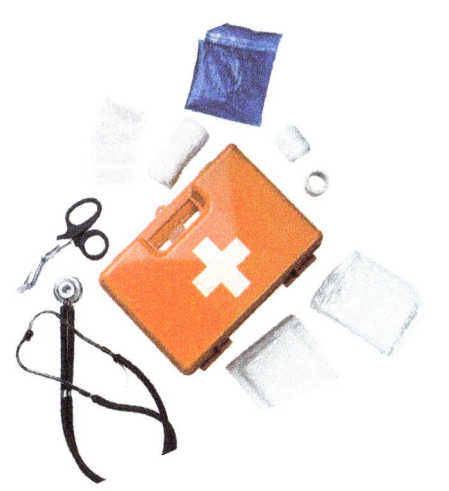

Visita tu Médico Hoy

Especialidad Médica	Área de Enfoque
Cardiología	Diagnóstico y tratamiento de enfermedades del corazón y el sistema circulatorio.
Dermatología	Tratamiento de enfermedades de la piel, pelo y uñas.
Endocrinología	Tratamiento de trastornos de las glándulas endocrinas, como la diabetes y problemas de tiroides.
Gastroenterología	Diagnóstico y tratamiento de enfermedades del sistema digestivo, incluyendo el estómago, hígado y páncreas.
Geriatría	Atención médica y prevención de enfermedades en los ancianos.
Ginecología/Obstetricia	Cuidado de la salud reproductiva de las mujeres, incluyendo el embarazo y el parto.
Medicina Interna	Diagnóstico y manejo no quirúrgico de enfermedades complejas.
Nefrología	Tratamiento de enfermedades del riñón.
Neurología	Tratamiento de trastornos del sistema nervioso, incluyendo el cerebro y la médula espinal.
Oncología	Diagnóstico y tratamiento del cáncer.
Ortopedia	Tratamiento de trastornos y lesiones del sistema musculoesquelético, incluyendo huesos y articulaciones.
Otorrinolaringología	Tratamiento de enfermedades del oído, nariz y garganta.
Pediatría	Atención médica para niños, desde el nacimiento hasta la adolescencia.
Psiquiatría	Diagnóstico y tratamiento de trastornos mentales y emocionales.
Reumatología	Tratamiento de trastornos articulares y autoinmunes, como la artritis.
Urología	Tratamiento de trastornos del sistema urinario y reproductor masculino.

Realázate tu examen médico a tiempo

Grupo de Edad	Estudios Preventivos Recomendados
Todas las edades	- Examen físico anual
	- Medición de la presión arterial
	- Vacunaciones según calendario
Niños y Adolescentes	- Pruebas de audición y visión
	- Evaluaciones del desarrollo físico y mental
	- Vacunas, incluyendo refuerzos
Adultos (18-40 años)	- Pruebas de colesterol (cada 5 años)
	- Exámenes dentales y limpieza (anualmente)
	- Evaluación de riesgo de diabetes si hay factores de riesgo
Mujeres (18-40 años)	- Examen pélvico y Papanicolaou (cada 3 años)
Adultos (40-60 años)	- Exámenes de la vista (cada 2 años)
	- Pruebas de detección de cáncer colorrectal a partir de los 45 años
	- Exámenes de detección de cáncer de mama (mamografía cada 1-2 años a partir de los 40 años)
	- Pruebas de densidad ósea para mujeres postmenopáusicas y otros en riesgo
Adultos mayores (60+ años)	- Exámenes auditivos
	- Evaluación de caídas y equilibrio
	- Vacuna contra el herpes zóster
Mujeres (60+ años)	- Continuar con mamografías cada 1-2 años
	- Examen pélvico anual
Hombres (50+ años)	- PSA para detección de cáncer de próstata, discutir con el médico

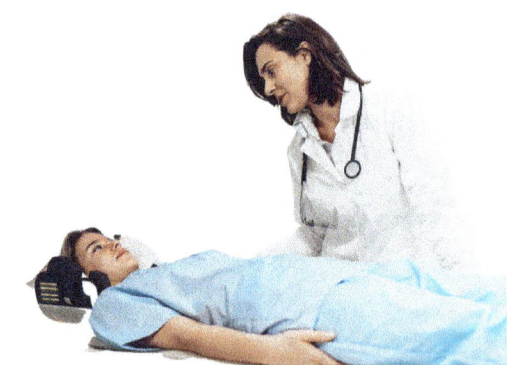

Jehová Dios dijo: "No temas, porque yo estoy contigo; no te desalientes, porque yo soy tu Dios. Te fortaleceré, ciertamente te ayudaré, sí, te sostendré con la diestra de mi justicia" (Isaías 41:10).

"Fíate de Jehová de todo tu corazón, Y no estribes en tu prudencia. Reconócelo en todos tus caminos, Y él enderezará tus veredas" (Proverbios 3:5-6).

"Pon asimismo tu delicia en Jehová, Y él te dará las peticiones de tu corazón. Encomienda á Jehová tu camino, Y espera en él; y él hará. Y exhibirá tu justicia como la luz, Y tus derechos como el medio día" (Salmos 37:4-6).

www.ingramcontent.com/pod-product-compliance
Lightning Source LLC
LaVergne TN
LVHW082245060526
838201LV00052B/1823